Lulu

Pantomime en 1 Acte

Préface
PAR
ARSÈNE HOUSSAYE

DENTU, Éditeur

Lulu

Pantomime en 1 Acte

Préface

PAR

ARSÈNE HOUSSAYE

DENTU, Editeur

LULU

DU MÊME AUTEUR

ROMANS

Dinah Samuel, 7e édition, (Ollendorff, éditeur). 3 50
Miss América, 6e édition, (Ollendorff, éditeur). 3 50
Le Cœur, 4e édition, (Havard, éditeur). 3 50
L'Amant des Danseuses, 11e édit. (Dentu, édit.) 3 50

NOUVELLES

Entrée de Clowns, 6e édit., (Jules Lévy, éditeur). 3 50

THÉATRE

Les Bohémiens, ballet lyrique, (Dentu, éditeur). 5 »
Les Étoiles, ballet, (Dentu, éditeur). . . . . 5 »
Les Éreintés de la vie, pantomime, 4e édit. (Dentu). 3 »
Lulu, pantomime, (Dentu, éditeur) . . . . . . 3 »

CRITIQUE DOCUMENTAIRE

Le Massacre, 3e édition, (Dentu, éditeur) . . . 3 50
Le Cerveau de Paris, 3e édition, (Dentu, éditeur) 3 50
Le Défilé, 4e édition, (Havard, éditeur) 3 50

POÉSIES

Parisiennes, 2e édition, (Lemerre, éditeur) . . . 3 »

PROCHAINEMENT : *Masques modernes.* / *La Gomme.*

Félicien Champsaur

Lulu

PANTOMIME EN UN ACTE

PRÉFACE

par

ARSÈNE HOUSSAYE

PARIS
E. DENTU, ÉDITEUR
LIBRAIRE DE LA SOCIÉTÉ DES GENS DE LETTRES
3, PLACE VALOIS, PALAIS ROYAL
1888

DESSINS EN COULEURS

de

JULES CHÉRET, HENRY GERBAULT

LOUIS MORIN

A ARSÈNE HOUSSAYE

Vous, Maître littéraire et mondain des élégances, le romancier — pénétrant — des « grandes dames » et des petites, que dites-vous de Lulu et de son cœur perdu ? Du clown qui étudia l'amour dans les livres seulement, et qui est marchand d'analyses des cœurs blonds ou noirs ?

Si vous voyez sur Lulu et son aventure sans paroles un léger cortège de phrases, seigneur Arsène Houssaye, qu'elles accourent, ces jolies filles, court vêtues, de l'amour et de la poésie.

FÉLICIEN CHAMPSAUR.

LA FEMME

Qui a perdu son Cœur

Comédie des comédies, tout est comédie.

Dieu n'a créé le monde que pour se donner la comédie à lui-même Il est l'auteur de la pièce, nous en sommes les comédiens à tour de rôle. Si Dieu a donné, en entrant, le droit de siffler la pièce, on ne s'en prive pas.

Tous les Schopenhauer du globe s'offrent ce plaisir-là. Mais aujourd'hui, c'est de Schopenhauer que nous allons rire.

2

On a le droit de désespérer de tout en France hormis de l'esprit. Le génie a ses éclipses. La bêtise a ses jours de gala ; mais l'esprit, l'essence même du caractère français, est toujours le maître de céans. Aussi voyez comme les nations voisines et lointaines sont fidèles à notre spectacle.

Quelquefois ce sont elles qui veulent nous donner la comédie, mais c'est encore notre comédie. Par exemple, les Allemands voudraient bien nous prouver qu'ils prennent notre esprit comme on prend une province. Mais qu'est-ce que Heine et Schopenhauer sans Voltaire? Il a suffi à l'auteur de Candide *de passer le Rhin et d'ouvrir au château de Sans-Souci ses mains pleines de malices pour jeter des éclairs et des rayons dans le sentimentalisme de nos voisins.*

Aussi Félicien Champsaur vient-il à propos faire de Schopenhauer un personnage de sa pantomime, toute ruisselante de philosophisme, d'inouïsme et d'insenséïsme : LULU.

En attendant qu'il fasse une comédie sous ce beau titre : La Femme qui a perdu son cœur, *voici une pantomime que Champfleury regrettera de n'avoir point faite. C'est tout un monde. C'est que Félicien Champsaur a pris pour collaborateurs un philosophe et un poète qui sont en lui.*

Il y a cent ans, le danseur Noverre, voulant être du bataillon sacré des philosophes du jour, disait gravement : « La danse n'est pas ce qu'un vain peuple pense. Je suis de mon siècle et je donne à ce grand art le caractère philosophique. Ainsi, depuis quelques jours, je danse les atomes de Descartes. C'était cet illustre Noverre qui disait aussi : « Quand je n'ai rien à faire, je fais des maximes de La Rochefoucaud. »

Ceci n'annonçait-il pas la révolution de 1889 ?

L'auteur de Lulu *n'a pas voulu être aussi sérieux que ça. Il s'est contenté d'avoir beaucoup d'esprit et de style, sans dire un mot, ce qui n'est pas à la portée de tout le monde. Il a mis en scène, en véritable homme de théâtre, « la femme qui a perdu son cœur ».*

Déjà Alexandre Dumas avait fait une chanson là-dessus :

J'ai laissé tomber mon cœur sur la rive.

Aujourd'hui, les femmes perdent tout autre chose. Hier encore, j'ai vu une très grande dame qui, descendant de son landau, laissa tomber son cœur sur la rive. Ce cœur-là s'appelle aussi un nuage, un sachet, une niche à chien. Je vous jure que j'ai vu une cocotte qui logeait là son toutou, une manière de défendre sa vertu.

Tout est comique dans cette pantomime. Le poète fait de Schopenhauer un officier d'académie ; de son héroïne, une clownesse ; de son Arlequin, un gommeux. Mais vous suivrez le mot à mot de cette jolie comédie où la Lune elle-même a un rôle très lunatique. La scène se passe partout, sous la lune souriante. On n'a pas oublié les accessoires : un cœur perdu et un chandelier. Schopenhauer apparaît le nez pris dans un in-folio. Ce clown profond palmé de violet, trouve le cœur perdu sur la rive. Avant d'aller chercher sa récompense, —car le cœur est affiché,—il veut savoir ce qu'il y a dans le cœur d'une femme. Mais toute sa science s'y brise, c'est un cœur de pierre. Mlle Lulu n'en veut pas moins remettre son cœur à sa place, cela lui donnera du lest. Pour avoir son cœur elle exécute devant Schopenhauer toutes les charmeries, toutes les grâces ensorcelantes, toutes les irré-sistibilités féminines ; elle va jusqu'à lui donner un baiser.

Mais le philosophe ne connaît pas cela; demandez plutôt à Platon.

Comme après tout, Schopenhauer, en vrai savant qu'il est, étudie tout dans les livres, — jamais dans la nature, — il ne veut pas aller plus loin dans la connaissance de la femme par la femme.

Lulu reprend son cœur, cœur de pierre entre les mains de Schopenhauer et qui va redevenir cœur de chair entre les mains d'un amoureux. Par exemple, entre les mains d'Arlequin, un pschutteux accompli, Schopenhauer regarde cette scène, — émouvante, — il ne comprend pas quoique Arlequin lui ait mis un chandelier tout allumé dans la main.

MORALITÉ

Pour connaître la femme, il faut l'aimer.

Le poète qui n'a pas commencé par être trahi comme Alfred de Musset, n'est qu'un rêveur ne connaissant la femme que par ouï-dire.

Et Renan pourra demander à Champsaur pourquoi il a donné son premier rôle à Schopenhauer au lieu de le lui donner à lui-même, Renan.

ARSÈNE HOUSSAYE.

Henry Gerbault

Lulu
Henry Gerbault

Henry Gerbault

Lulu

PANTOMIME EN UN ACTE

Représentée pour la première fois
au Nouveau Cirque le 1er Octobre 1888

Mise en Scène par M. AGOUST.

PERSONNAGES

SCHOPENHAUER (Arthur) . . Officier d'Académie, savant burlesque.	M. AGOUST.
LULU, clownesse danseuse . .	Mlle MASSONI.
ARLEQUIN, gommeux	M. FOOTIT.

Décor :

Le pavé d'une place publique; — en haut, la lune, souriante.

Accessoires : un cœur; un chandelier.

SCÈNE I

La place est déserte.

Un cœur traine sur le pavé.

Un grand baquet, plein d'eau, au milieu de la place, reflète la lune.

A pas lents, Schopenhauer paraît.

Il tient à la main un in-folio et semble absorbé dans une lecture attentive.

Il marche, ne quittant des yeux son livre que pour réfléchir profondément.

Il contemple la lune,

semble faire des calculs,

et remet le nez, remarquablement long, dans son « bouquin ».

Soudain il trébuche, ses pieds rencontrant un obstacle.

Il s'arrête, étonné.

Il regarde de tous côtés, — autour de lui, — en l'air.

Puis, il parcourt le pavé de la place d'un mouvement lent et automatique.

Il aperçoit le cœur abandonné, — se baisse gravement, — le ramasse, — l'examine curieusement, — l'emporte.

Mais le clown savant paraît bientôt très embarrassé de sa trouvaille. Il s'assied, se consulte, médite longuement.

Et tout à coup, une idée traversant son esprit, il se frappe le front, attrape l'idée au vol,

et manifeste une grande joie.

Le clown violet tire alors de sa poche une trousse de médecin.

Il l'étale, avec précaution, devant lui,

et en sort des instruments de chirurgie.

Il prend le cœur qu'il a déposé près de lui, et se prépare à en faire l'autopsie.

Tous ses efforts sont vains. Il ne peut, il ne sait ouvrir le cœur, il est dur; ses instruments se cassent; c'est un cœur de pierre. Comment voir ce qu'il contient?

Le clown Schopenhauer, palmé de violet, se désespère, et invoque la lune, amie de ceux qui lisent et écrivent, ou bien rêvent, la nuit.

SCÈNE II

Lulu entre alors,

en mimant qu'elle a perdu son cœur, et qu'elle le cherche. « Il y aura bonne récompense. »

Elle furète partout, inspecte les pavés; un moment, comme elle va à reculons, cherchant toujours, elle heurte le baquet plein d'eau.

Surprise, peureuse, elle n'ose plus bouger.

Puis, un doigt sur ses lèvres, une main sur la place vide de son cœur, d'un air enjolant et coquet, elle renverse sa fine tête, casquée de blond, en arrière.

pour voir ce qui l'a effrayée; et, dans ce mouvement, saille élégamment sa croupe, en éventail au bas des reins cambrés.

Lulu tintinnabule d'un éclat de rire; elle aperçoit, dans le baquet, la Lune,

que l'eau réfléchit.

Pourtant, dépitée, maussade, elle s'éloigne en faisant la moue. Qui a trouvé son cœur? Mon Dieu, mon Dieu, chez qui a-t-elle pu le laisser? l'oublier? — Chez Arlequin, dans son petit entresol? Chez M. Cassandre, le banquier? oh! non! — Chez une camarade?

Elle furète de nouveau; tout à coup, elle remarque le vieux pédant qui n'a prêté à son arrivée aucune attention; il examine, à la loupe, le cœur de la femme; il le tourne et le retourne, anxieusement.

En voyant entre les mains du clown ♥, son cœur, son gentil petit cœur, dont elle déplore l'absence, son cœur qui était le sentiment et l'excuse de ses prétentaines, poétisait ses désirs, infidèles, — car le sentiment et la sensation, elle donnait les deux ensemble, — elle reste stupéfaite, Lulu blondie,

au cœur noir.

(*A l'orchestre, passe l'air de la chanson*)

C'est la mère Michel
Qui a perdu son chat...

Vite, le visage mutin de Lulu s'éclaire de bonheur. Elle va vers le docteur plongé dans ses pensées, et le touche légèrement, à l'épaule.

Relevant la tête, le clown Schopenhauer regarde Lulu,

avec indifférence.

Lulu lui fait comprendre que l'objet qu'il a trouvé et qu'il détient est à elle.

Elle le lui réclame. — Mais le clown n'entend point cette câlinerie. Il a le cœur de Lulu; c'est pour lui, savant, une bonne fortune; il veut savoir ce que contient un cœur de femme.

Lulu veut son cœur; elle ordonne au psychologue — oh! maman! — au physiologiste de l'amour, de le lui rendre, comme il se refuse, à cette restitution, impatiemment elle le supplie;

puis se fâche.

Schopenhauer, ennuyé, la quitte et va s'asseoir loin d'elle. Lulu le suit. Les prières, la colère n'ayant pas eu raison de l'obstiné savant, elle se fait plus troublante alors. Elle l'entoure de séductions dansées, de grâces ensorcelantes, de gestes précurseurs; elle lui susurre à l'oreille les extrêmes félicités, s'il veut lui rendre son cœur, la fantaisie, le sentiment sans lequel sa réalité ne saurait vivre et aimer; en le perdant, elle a perdu le baiser.

Mais le savant ignore le baiser, il a écrit une physiologie de l'amour, d'après d'autres livres et quelques visites pédantes au mauvais lieu. Cependant, puisqu'une occasion se présente, il saura par sa propre expérience ce que renferme le cœur de la vraie femme.

Comment s'y prendre pour parvenir à la découverte du mystère? N'y a-t-il pas un Point à toucher, afin que le cœur s'ouvre?

Impossible de le trouver.

Il supplie, à son tour, Lulu de l'aider. — Elle hésite, regarde avec effroi la trousse du savant, puis sa figure s'illumine; la clownesse retient un éclat de rire.

Elle fait signe à Schopenhauer qu'elle est prête à lui être agréable : elle l'appelle Arthur.

Le docteur exprime son contentement. — Ah! Pour que Lulu puisse lui expliquer le mécanisme de son cœur, il faut qu'il le lui confie. Arthur Schopenhauer fait une grimace.

Plein de méfiance, il refuse.

Lulu insiste; et, la curiosité l'emportant alors sur la prudence, le clown rend à Lulu son petit cœur.

Sitôt qu'elle l'a, elle fait un bond, s'éloigne de Schopenhauer met son cœur dans sa poche et son mouchoir par dessus.

et salue avec un pied de nez.

SCÈNE III

Arlequin, gommeux très chic, est apparu, pendant les dernières mimiques, une chandelle allumée à la main,

et cherchant, lui aussi, sur les grandes routes et les places publiques, le cœur de Lulu. (On a promis douce récompense.)

Il se désole,

Lulu, qui s'enfuyait, l'aperçoit; folle de passion, de gaieté, elle va vers lui, et lui donne son cœur, semblant dire : « Prends et bois! Ceci est mon corps. » Arlequin est radieux.

Lulu lui explique ce qui vient

de se passer. Arlequin gommeux, alors, rit très haut. Il s'avance vers le clown Schopenhauer. Puis, après s'être concerté avec Lulu, et, lui plaçant, de force, dans la main,

la chandelle,

il se retire avec son amie en échangeant des baisers.

Le clown savant ❂, ahuri les suit, — n'ayant rien compris du tout ni au cœur de Lulu, ni à rien, — en tenant gravement la chandelle,

qui vacille au clair de lune.

PARIS
IMPRIMERIE CHAIX
(Succ. J. CHÉRET)
18, Rue Brunel, 18
— 510-8 —

Il a été tiré sur Japon impérial 15 exemplaires numérotés.

www.ingramcontent.com/pod-product-compliance
Ingram Content Group UK Ltd.
Pitfield, Milton Keynes, MK11 3LW, UK
UKHW020502180726
13839UKWH00004B/1851